Yo opino...

# ¿La playa o la piscina?

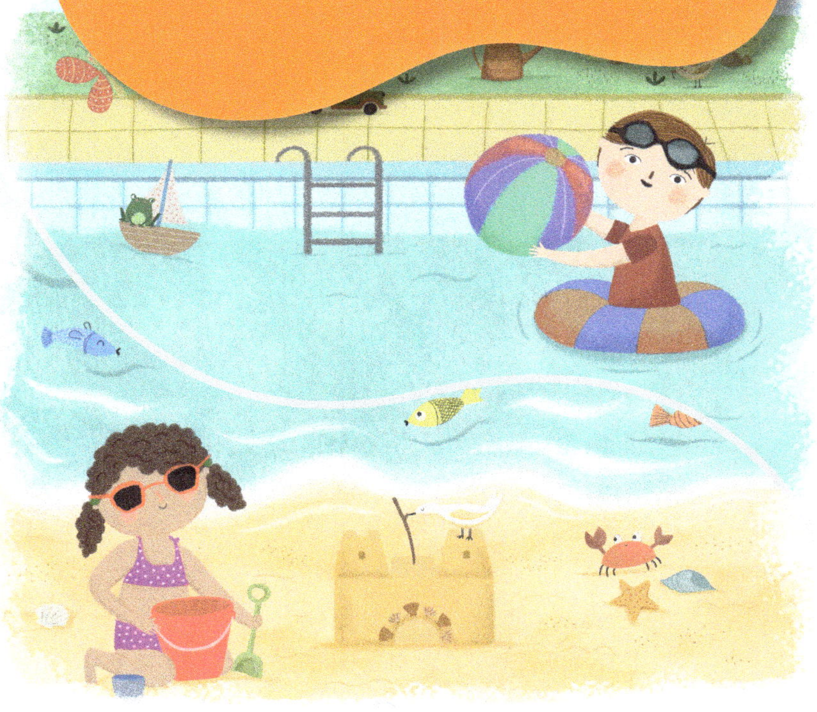

**Andrés Pi Andreu**
Ilustraciones de **Ximena García**

# Prefiero la playa

Sandra, 5 años

La playa es la mejor diversión.

Hace sol y calor.

Me gusta jugar con las olas.

Me encanta hacer castillos de arena.

# Prefiero la piscina

Mario, 5 años

La piscina me gusta más.

Mi mascota puede acompañarme.

La arena no me gusta.

¡Pero en la piscina también puedo construir castillos!

¡Hay muchas cosas divertidas que podemos hacer juntos!

© 2021, Vista Higher Learning, Inc.
500 Boylston Street, Suite 620.
Boston, MA 02116-3736
www.vistahigherlearning.com
www.loqueleo.com/us

© Del texto: 2021, Andrés Pi Andreu

Dirección Creativa: José A. Blanco
Director Ejecutivo de Contenidos e Innovación:
   Rafael de Cárdenas López
Desarrollo Editorial: Lisset López, Isabel C. Mendoza
Diseño: Paula Díaz, Daniela Hoyos, Radoslav Mateev,
   Gabriel Noreña, Andrés Vanegas
Coordinación del proyecto: Brady Chin, Tiffany Kayes
Derechos: Jorgensen Fernandez, Annie Pickert Fuller
Producción: Oscar Díez, Sebastián Díez, Andrés Escobar,
   Daniel Lopera, Adriana Jaramillo, Daniela Peláez
Ilustraciones: Ximena García

*¿La playa o la piscina?*
ISBN: 978-1-54333-348-0

Todos los derechos reservados. Esta publicación no puede ser reproducida, ni en todo ni en parte, ni registrada en o transmitida por un sistema de recuperación de información, en ninguna forma ni por ningún medio, sea mecánico, fotoquímico, electrónico, magnético, electroóptico, por fotocopia o cualquier otro, sin el permiso previo, por escrito, de la editorial.

Published in the United States of America

1 2 3 4 5 6 7 8 9 GP 26 25 24 23 22 21

www.ingramcontent.com/pod-product-compliance
Lightning Source LLC
Chambersburg PA
CBHW040008080526
44586CB00027B/2922